Dieses Buch gehört

Andreas Hauke

10. September 1997

Alles Liebe zum 2. Geburtstag
wünscht Dir Frau Wagner

Die Deutsche Bibliothek – CIP-Einheitsaufnahme

Mein allererstes Gebetbuch / hrsg. von Marilis
Lunkenbein und ill. von Robert Erker. – 4., veränd.
Aufl. – Augsburg: Pattloch, 1994
ISBN 3-629-00226-9

Es ist nicht gestattet, Abbildungen dieses Buches zu scannen,
in PC's oder auf CDs zu speichern oder in PCs/Computern zu
verändern oder einzeln oder zusammen mit anderen Bildvorlagen zu manipulieren, es sei denn mit schriftlicher Genehmigung des Verlages.

Pattloch Verlag, Augsburg
© Weltbild Verlag GmbH, 1994
Satz: Uhl+Massopust, Aalen
Gesamtherstellung: Bosch-Druck, Landshut
Printed in Germany
ISBN 3-629-00226-9

Gedruckt auf chlorfrei oder elementar chlorfrei
gebleichtem Papier.

Mein allererstes Gebetbuch

Herausgegeben von
Marilis Lunkenbein
und illustriert von
Robert Erker

Hallo, ich heiße Julia.
Und das ist Jan,
mein kleiner Bruder.
Und hier seht ihr unsere Eltern, unsere
Oma, Bobo, unseren Hund und Emma,
mein Meerschwein.

Was wir hier zu suchen haben? Ganz einfach: Wir wollen euch unsere Lieblingsgebete vorstellen. Übrigens: die meisten Gebete haben wir von unserer Oma gelernt. Aber einige haben Jan und ich uns auch selbst ausgedacht. Denn Beten ist ganz einfach. Oma hat gesagt: „Beten — das ist Sprechen mit Gott."

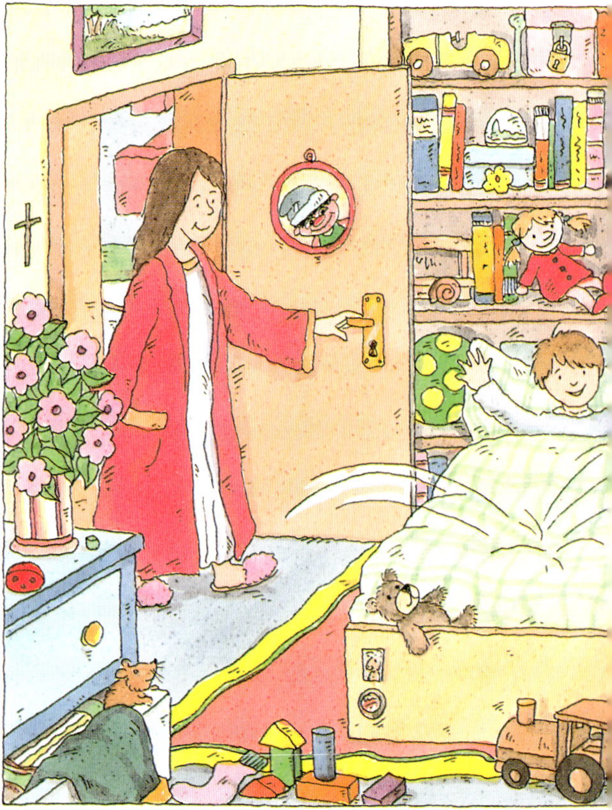

Morgengebete

Für meine Eltern
Die Eltern mein empfehl' ich dir,
behüte lieber Gott, sie mir.
Vergilt, o Herr,
was ich nicht kann,
das Gute, das sie mir getan.

Mit Gott anfangen
In Gottes Namen fang ich an.
Denn Gott ist es,
der helfen kann.
Wo Gott mir hilft,
wird alles leicht.
Wo Gott nicht hilft,
wird nichts erreicht.
Drum ist das beste, was ich kann:
In Gottes Namen fang ich an.

Deine Welt
O Gott, wie groß und gut bist du,
wie schön ist deine Welt!
Hilf, daß ich dir zuliebe tu,
was immer dir gefällt.

Begleite mich
In Gottes Namen steh' ich auf.
Herr Jesus leite meinen Lauf,
begleite mich mit deinem Segen,
behüte mich auf allen Wegen.

Gutes tun und denken
Gott, du hast in dieser Nacht
mich behütet und bewacht.
Hilf, daß ich den ganzen Tag
Gutes tun und denken mag.

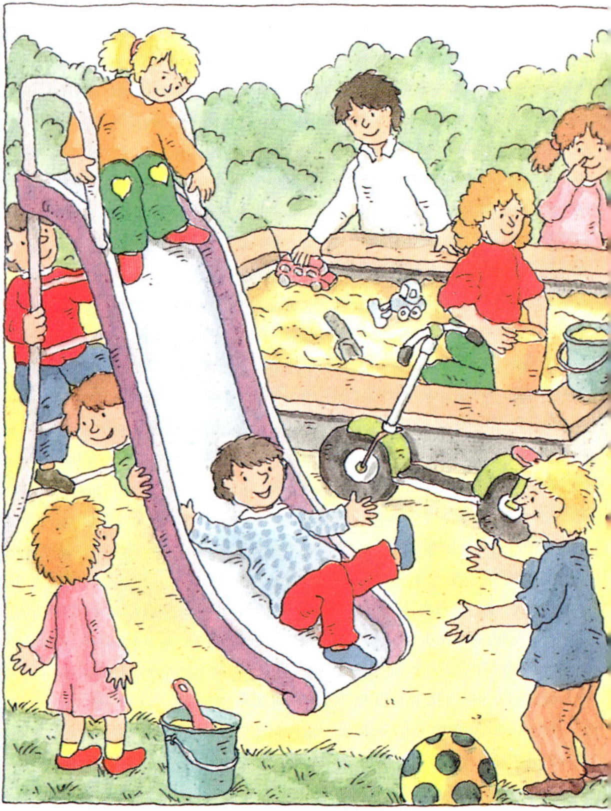

Beten, Spielen, Lernen
Alles, was wir heute tun,
Beten, Spielen, Lernen, Ruh'n,
soll geschehen in Jesu Namen
und mit seinem Segen. Amen

Halte zu mir
Halte zu mir, guter Gott,
heut' den ganzen Tag.
Halt die Hände über mich,
was auch kommen mag.

Du bist jederzeit bei mir,
wo ich geh' und steh',
spür' ich, wenn ich leise bin,
dich in meiner Näh'.

Meine Freude, meinen Dank,
alles sag ich dir.
Du hälst zu mir, guter Gott,
das spür' ich tief in mir.

Du hast für mich gewacht
O Gott, du hast in dieser Nacht
so väterlich für mich gewacht.
Ich lob' und preise dich dafür
und dank' für alles Gute dir.

Lob am Morgen
Aus meines Herzens Grunde
sag' ich dir Lob und Dank
in dieser Morgenstunde
und all mein Leben lang.
Den Tag will ich dir schenken
und alles, was ich tu,
im Reden und im Denken,
im Werk und in der Ruh'.

Auf allen Wegen
Guter Gott, ich danke dir.
Du bist immer gut zu mir.
Du hast mich auch
in dieser Nacht,
treu behütet und bewacht.
Bleib bei mir auf allen Wegen,
schütze mich mit deinem Segen.

Behüte mich
Wie fröhlich bin ich aufgewacht,
wie hab' ich geschlafen
so gut die Nacht!
Hab Dank im Himmel, du Vater mein,
daß du hast wollen bei mir sein.
Behüte mich auch diesen Tag,
daß mir nichts Böses geschehen mag.

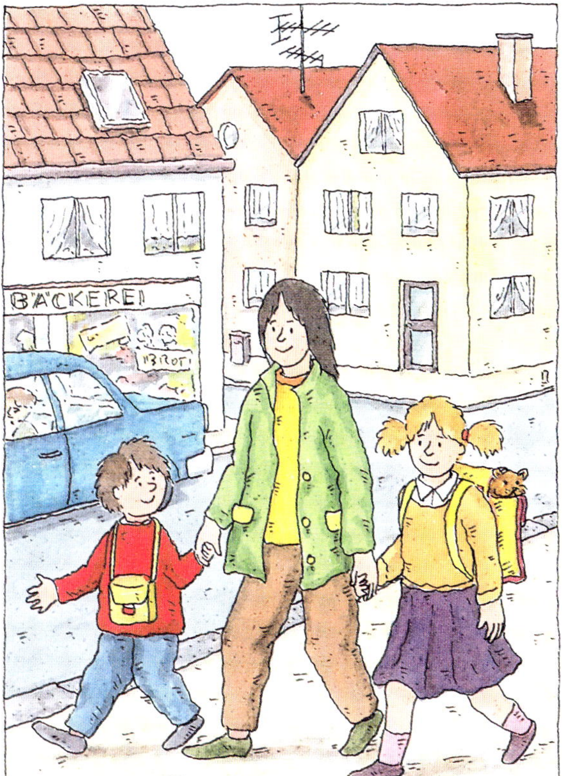
BÄCKEREI

Segne meine Hände
Schon steigt die Sonne
golden auf,
die dunkle Nacht tut weichen.
Schon singt das Vöglein
frisch hellauf und
lobt Gott ohnegleichen.
Ich danke Himmelsvater dir,
daß ich so gut geschlafen.
Nun segne meine Hände mir
zum Spielen und zum Schaffen.
Dich Vater lob' und preise ich,
dich rufe ich beim Namen.
Gib mir zu essen, segne mich
und alle Menschen. Amen.

Gottes Wege
Wo ich gehe, wo ich stehe,
bist du, lieber Gott, bei mir.
Wenn ich dich auch niemals sehe,
weiß ich dennoch, du bist hier.

Erstes Gebet
Lieber Gott, mach mich fromm,
daß ich in den Himmel komm'.

Froh erwacht
Gott, vorüber ist die Nacht.
Gesund und froh bin ich erwacht.
Beschütz mich auch an diesem Tag,
daß mich kein Unfall treffen mag.

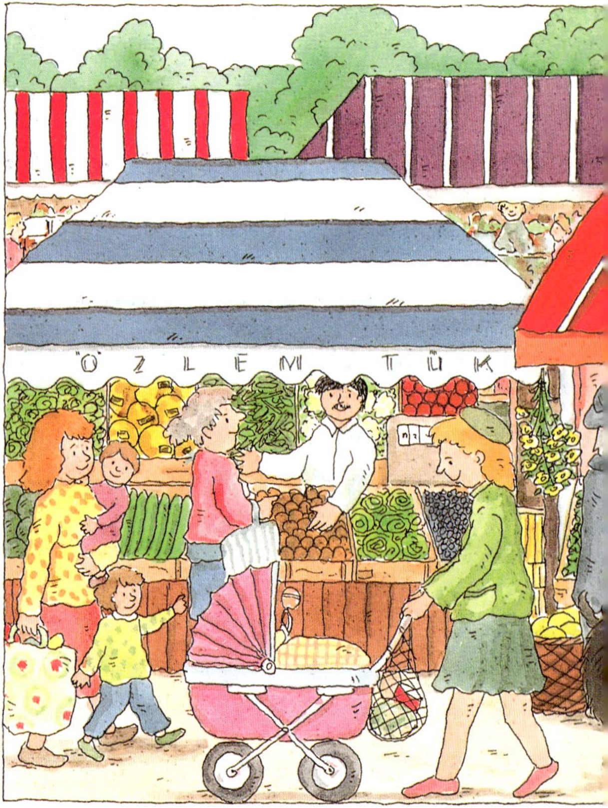
Ö Z L E M T Ü K

Mit Gott durch den Tag

Jans Lieblingsgebet
Alle denken, ich bin klein.
Lieber Gott, nur du allein
weißt es: Ich bin ohne List
größer, weil du bei mir bist!

Mamas Stress
Lieber Gott, die Erwachsenen
sind manchmal ziemlich schwierig.
Mit ihrer Hektik können sie einem
ganz schön auf die Nerven gehen.
Mama nennt das Stress!
Aber deshalb braucht sie mich
noch lange nicht anzuschreien.
Lieber Gott, gib mir Geduld
mit den Großen.

Dir zum Preise
Hase, Ziege, Schmetterling,
Löwe, Hund und Meise,
alle Tiere groß und klein,
dienen dir zum Preise.

Wer gab mir das Leben?
Wer hat die Sonne nur gemacht,
den Mond und auch die Sterne?
Wer hat den Baum
ans Licht gebracht,
die Blumen nah und ferne?
Wer schuf die Tiere groß und klein,
Wer gab auch mir das Leben?
Das tatest du, oh Gott allein,
drum will ich Dank dir geben!

Unser Garten
Gott, du gabst uns
Blumen voller Pracht.
Sie wachsen und blühen
aus deiner Kraft.

Manche sind rot,
manche weiß oder blau.
Schön sind sie alle,
das weiß ich genau.

Gib, du Gott, deinen Segen,
für Blumen und Tier.
Und zuletzt ein Bitte:
Bleib stets auch bei mir!

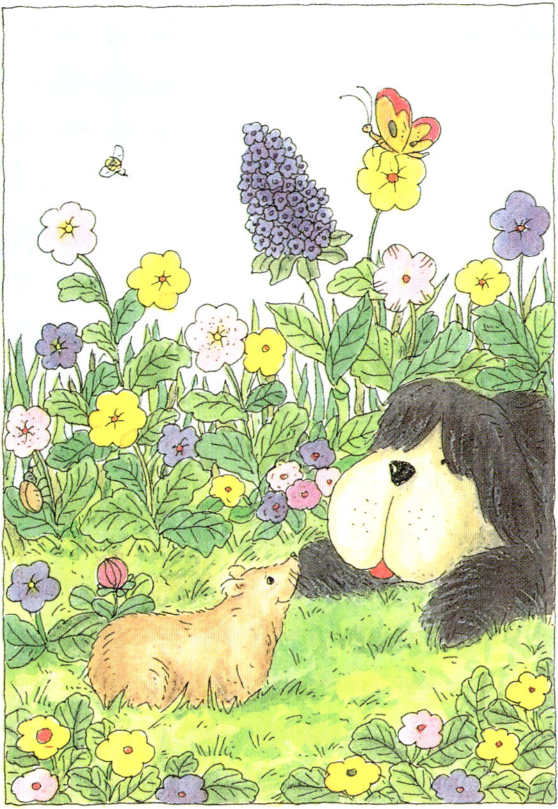

Jans Geburtstag
Ich freue mich und hüpf' vor Glück,
weil ich heut' Geburtstag habe.
Ich danke dir für meine Freunde
und für jede gute Gabe.
Ich danke dir, du lieber Gott,
ich dank' dir für mein Leben,
für alles Gute dank' ich dir,
das du mir hast gegeben.

Unsere Tiere
Lieber Gott, wir bitten dich,
laß unsere Tiere nicht im Stich.
Denk an Bobo und Emma,
an Katze, an Hase und Reh,
bei Sonne und Regen,
in Wind und in Schnee.

Unser Haus
Lieber Gott, segne dieses Haus,
und alle, die darin
gehen ein und aus. Amen

Ave Maria
Gegrüßet seist du, Maria,
voll der Gnade,
der Herr ist mit dir,
Du bist gebenedeit
unter den Frauen,
und gebenedeit ist die Frucht
deines Leibes, Jesus.
Heilige Maria, Mutter Gottes,
bitte für uns Sünder
jetzt und in der Stunde
unseres Todes. Amen

Sonne, Mond und Sterne

Wer hat die Sonne denn gemacht,
den Mond und all die Sterne?
Wer hat den Baum hervorgebracht,
die Blumen nah und ferne?
Wer schuf die Tiere groß und klein?
Wer gab auch mir das Leben?
Das tat der liebe Gott allein,
drum will ich Dank ihm geben.

Besuch auf dem Bauernhof
Gott segne das Pferd,
die Ziege, die Kuh,
und segne das Schaf,
ich schau' ihm gern zu.
Segne das Schwein,
es grunzt und es quiekt,
und seine Kinder, die Ferkel,
die jeder so liebt.

Bobo ist krank
Lieber Gott, unser Bobo ist krank,
wir haben Angst, denn Mutti sagt, daß
wir nicht mit ihm spielen können.
Lieber Gott, mach Bobo gesund.

Tiere auf Erden
Kein Tierlein ist auf Erden,
dir lieber Gott zu klein.
Du ließest alle werden,
und alle sind sie dein.
Der Vogel dir singt,
das Fischlein dir springt,
die Biene dir summt,
der Käfer dir brummt,
auch pfeifet dir das Mäuselein:
Herr Gott, du sollst gelobet sein!

Kleine Spinne
Schau, eine Spinne,
wie fleißig sie webt.
Sie macht sich so nützlich,
wie gut, daß sie lebt!
Deshalb kleine Spinne,
paß' ich auf dich auf.
Soll keiner dich stören,
im Netz und beim Lauf!

Schöne Welt
Daß ich lachen kann und singen,
daß ich spielen kann und springen,
daß ich hören kann und schauen,
fühlen kann und Träume bauen;
dafür, Vater dank' ich dir!
Nimm mich an und bleib bei mir.

Spaß im Leben
Der Fuchs hat 'nen Schwanz
und Federn die Gans,
die Schnecke hat ihr Haus,
ihr Fellchen die Maus!

Sag mir, was hast du?
Ich hab Kleider und Schuh',
viel Spaß im Leben,
das hat mir Gott gegeben.

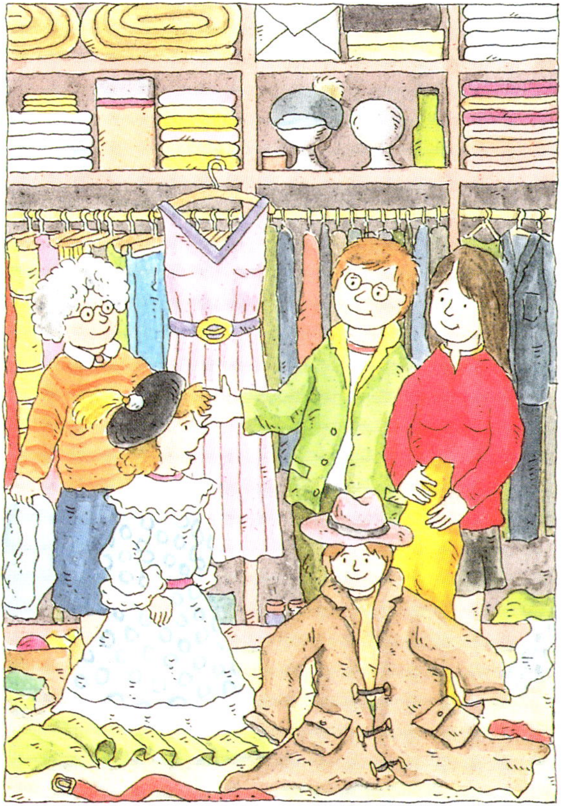

Julia ist sauer
Lieber Gott,
Jan, mein Bruder,
ist ein richtiger Bengel.
Ich habe eine Wut auf ihn!
Ich bin ihm böse!
Du auch, lieber Gott?
Vielleicht verstehst
du seine Streiche?
Manchmal finde ich ihn ja nett
und habe ihn richtig lieb.
Aber dann ist er wieder
mal unausstehlich.
Ich möchte ihn sehen,
wie du ihn siehst.
Dann fällt mir vielleicht
das Liebhaben nicht so schwer.
Hilf uns beiden, lieber Gott.

Vater unser

Vater unser im Himmel,
geheiligt werde dein Name.
Dein Reich komme.
Dein Wille geschehe,
wie im Himmel so auf Erden.
Unser tägliches Brot
gib uns heute.
Und vergib uns unsere Schuld,
wie auch wir vergeben
unseren Schuldigern.
Und führe uns nicht
in Versuchung, sondern
erlöse uns von dem Bösen.
Denn dein ist das Reich
und die Kraft
und die Herrlichkeit
in Ewigkeit. Amen.

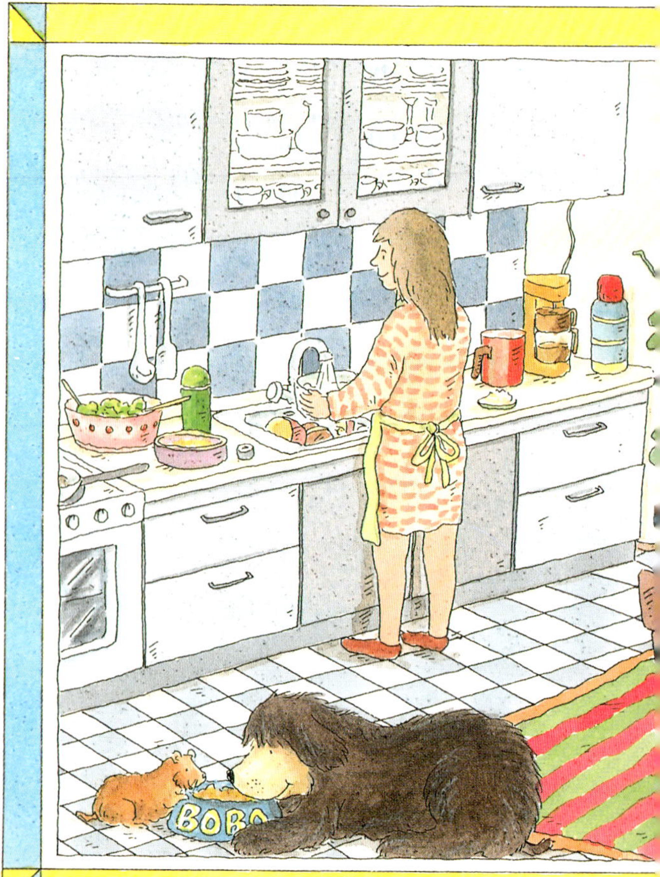
BOB

Tischgebete

Danke
Wir wollen danken
für unser Brot.
Wir wollen helfen
dem, der in Not.
Wir wollen schaffen,
die Kraft gibst du.
Wir wollen lieben,
Herr hilf dazu.

Segne, was du uns gibst
Oh Gott, von dem wir alles haben,
wir bitten dich um deine Gaben,
du speisest uns,
weil du uns liebst,
drum segne auch,
was du uns gibst.

Kehr bei uns ein
Jesus Christ, kehr bei uns ein,
wollst in unserer Mitte sein.
Mache auch den Armen satt,
der vielleicht noch Hunger hat.
Segne du, o lieber Gast,
was du uns bescheret hast.
Mach uns deinen Tisch bereit
hier in dieser Erdenzeit,
führe uns im Himmelssaal
alle zu deinem Abendmahl.

Lehr mich teilen
Danke für alle deine Gaben,
Danke, daß wir zu essen haben.
Lehr uns teilen, Gott unser Brot,
mit allen Menschen, die in Not!

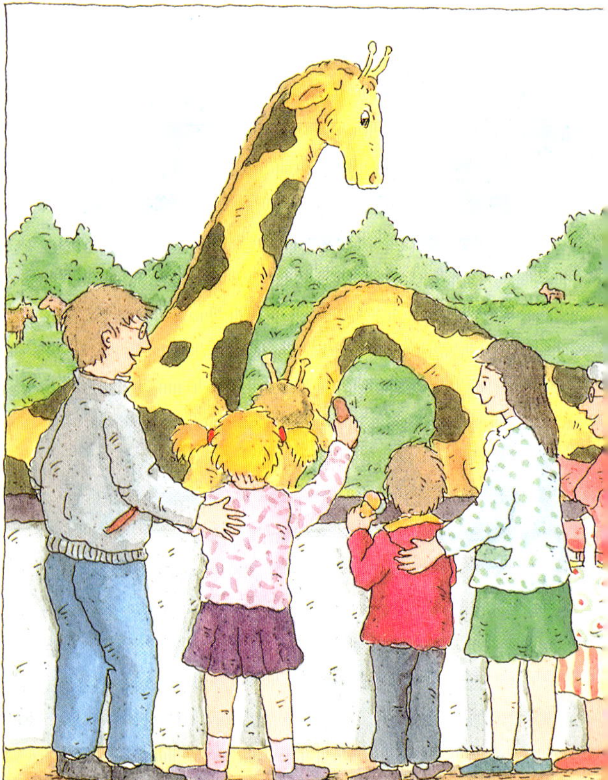

Jedes Tierlein
Jedes Tierlein hat sein Essen,
jedes Blümlein trinkt von dir,
hast auch uns heut'
nicht vergessen,
lieber Gott wir danken dir.

Alles kommt von dir
Alle guten Gaben,
alles, was wir haben,
kommt, o Herr, von dir,
dafür danken wir.

Sternsinger-Motto
Teilt das Brot mit andern, es
schmeckt doch nur gebrochen gut.
Teilt das Brot mit andern,
geteiltes Brot macht vielen Mut.

Teilt das Wort mit andern,
es ist zu reich für euch allein.
Teilt das Wort mit andern,
es soll zum Heil für viele sein.

Teilt das Leid mit andern,
es ist doch eurer Brüder Not.
Teilt das Leid mit andern,
die Liebe ist des Herrn Gebot!

Teilt das Licht mit andern,
daß es die Finsternis vertreibt.
Teilt das Licht mit andern, daß
keiner mehr im Dunkeln bleibt.

Dank für alles Gute
Dir sei, o Gott,
für Speis' und Trank,
für alles Gute Lob und Dank.
Du gabst und wirst auch
weiter geben.
Wir preisen dich unser
ganzes Leben.

Sei unser Gast
Komm, Herr Jesus,
sei unser Gast,
und segne, was du uns
bescheret hast.

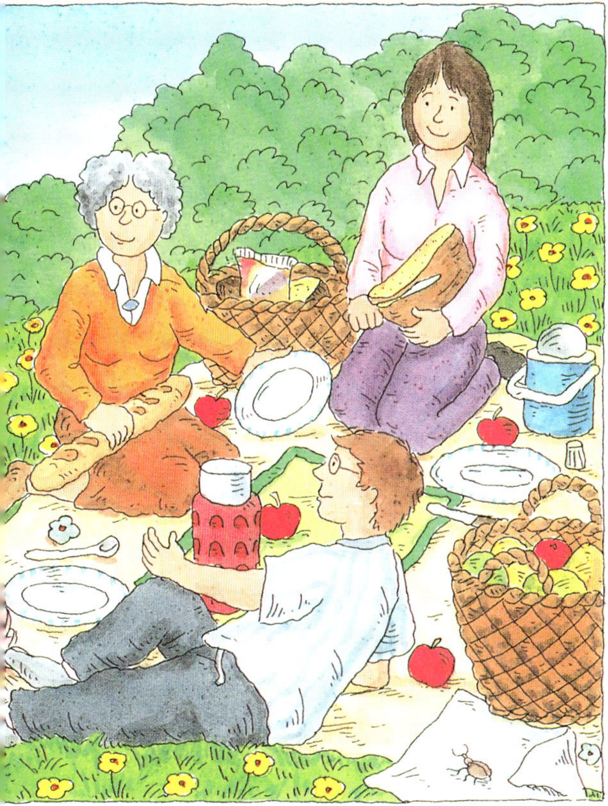

Gaben aus deiner Hand
Segne uns und deine Gaben,
die wir aus deiner guten Hand
empfangen haben. Amen.

Mamas Lieblingsgebet
Alle Augen warten auf dich,
o Herr. Und du gibst uns Speise
zur rechten Zeit!
Du tust deine Hand auf
und erfüllst alles,
was lebt, mit Segen.
Segne auch uns
und diese Gaben, die wir
von deiner Güte nun empfangen
durch Christus, unseren Herrn.
Amen.

Du warst unser Gast
Wir danken dir,
Herr Jesus Christ,
daß du unser Gast
gewesen bist. Amen.

Wir werden satt
Wir haben genug zu essen,
wir werden täglich satt.
Hilf, daß wir nicht vergessen,
den, der nichts zu essen hat.

Für Hungernde
Vater, wir haben zu essen.
Gib auch den Hungernden Brot.
So wie du uns nicht vergessen,
trage dein Licht in die Not.

46

Abendgebete

Wir sagen gute Nacht
Der Tag geht nun zu Ende.
Er hat uns viel gebracht.
Wir geben uns die Hände
und sagen gute Nacht.

Am Himmel stehen Sterne.
Der Mond geht seine Bahn.
Wir haben uns so gerne und
seh'n uns fröhlich an.

Der Tag geht nun zu Ende,
den wir so gut verbracht.
Wir falten unsere Hände und
bitten für diese Nacht.

Danke für die Freunde
Gott, ich danke dir für diesen Tag,
für alles Schöne, das ich mag.
Danke für meine Freunde,
fürs Spielen und Essen,
lieber Gott, du hast auch
mich nicht vergessen.

Gesund aufwachen
Lieber Gott, wir danken dir
für diesen schönen Tag.
Er hat uns viel Freud' gebracht
und nur wenig Plag'.
Laß uns morgen gesund aufwachen
und Papa und Mama Freude machen!

Omas Lieblingsgebet
Müde bin ich, geh zur Ruh',
schließe beide Äuglein zu.
Vater laß die Augen dein
über meinem Bette sein.

Hab ich Unrecht heut' getan,
sieh es lieber Gott nicht an.
Deine Gnad und Jesu Blut
machen allen Schaden gut.

Alle, die mir sind verwandt,
Gott, laß ruh'n in deiner Hand.
Alle Menschen, groß und klein,
sollen dir befohlen sein.

Kranken Herzen sende Ruh',
nasse Augen schließe zu.
Laß den Mond am Himmel steh'n
und die stille Welt beseh'n.

Du bist nah
Ich freu' mich Jesus,
du bist da,
und manchmal bin ich dir ganz nah.
Doch wenn ich dich
auch gar nicht sehe,
weiß ich doch um deine Nähe.

Laß mich fröhlich sein
Lieber Gott, ich schlafe ein.
Laß mich ganz geborgen sein.
Die ich liebe, schütze du.
Decke allen Kummer zu.
Kommt der helle Morgenschein,
laß mich wieder fröhlich sein.

Schutzengel
Heiliger Schutzengel mein.
Laß mich dir empfohlen sein.
In allen Nöten steh mir bei
und halte mich von Sünden frei.
Bei Tag und Nacht, ich bitte dich,
erleuchte, schütze, führe mich.

Der gute Hirte
Wie der gute Hirte sucht sein Tier,
so suchst du, lieber Gott, nach mir.
Ich kann nicht verloren gehen,
Gott, du wirst mich immer sehen.
Du trägst mich heim in deinem Arm,
da bin ich froh, da bin ich warm.

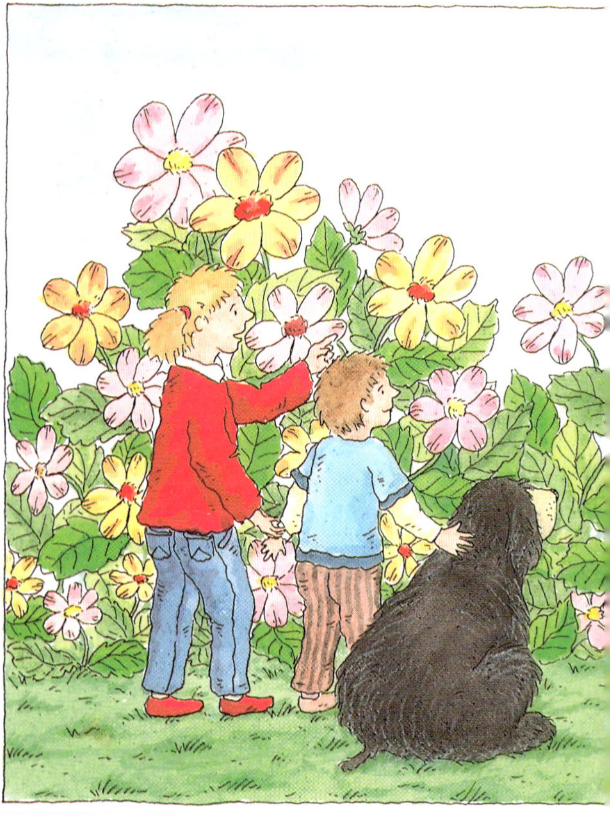

Blume und Vogel ruh'n
Die Blume schließt die Äuglein zu,
der kleine Vogel geht zur Ruh',
bald schlummern alle Müden.
Du lieber Gott,
du schlummerst nicht,
dir will ich vertrauen.
Laß mich nach einer guten Nacht
die Sonne fröhlich schauen.

Gib auf uns acht
Gott, du hast den Mond
und die Sterne gemacht.
Ich weiß, du liebst uns,
drum gib auf uns acht.

Für Mama und Papa
Lieber Gott, kannst alles geben,
gib auch, was ich bitte nun!
Schütze diese Nacht mein Leben,
laß mich sanft und sicher ruh'n.
Sieh auch hoch vom Himmel nieder,
auf die lieben Eltern mein,
laß mich jeden Morgen wieder
fröhlich und dir dankbar sein.

Nun schlaf' ich ein
Lieber Gott, nun schlaf' ich ein.
Schicke mir ein Engelein,
daß es traulich bei mir wacht,
in der langen dunklen Nacht.

Schütze alle, die mir lieb.
Alles Böse mir vergib.
Kommt der helle Mondenschein,
laß mich wieder fröhlich sein.

Sonne und Regen
Lieber Gott, jetzt regnet es
schon seit drei Tagen. Laß doch
bitte die Sonne wieder scheinen.

Du sorgst für alle
Herr, du hast mich heut bewacht,
beschütz mich auch in dieser Nacht.
Du sorgst für alle, groß und klein,
drum schlaf' ich ohne Sorgen ein.

Weck mich wieder
Ich lege mich zum Schlafen nieder.
Lieber Vater, weck mich wieder,
frisch und gesund —
zur Morgenstund'.

Meine Freundin
Lieber Gott, Pia ist
sauer auf mich.
Heute hat sie sich in
eine andere Bank gesetzt
und ist mit Linda
zum Spielen gegangen.
Dabei ist Pia doch
meine Freundin, lieber Gott!
Und das alles wegen dem
blöden Radiergummi.
Morgen schenke ich ihr dafür
meine Lieblingskassette.
Hilf, lieber Gott, daß wir
uns wieder vertragen. Amen.

Ein schöner Tag
So ein schöner Tag war heute,
lieber Gott, und so viel Freude
hast du wieder mir gemacht,
dankbar sag' ich gute Nacht.
Wasch mir alle Flecken ab,
die ich auf dem Herzen hab,
weil es dann so wohl mir ist,
wenn du wieder gut mir bist.
Vater, Mutter, alle Lieben,
seien dir ins Herz geschrieben,
und der Engel, der mich schützt.
Wenn er an meinem Bett hier sitzt,
schlaf' ich gut und selig ein,
kann mich schon auf Morgen freun.

Abendlied

Weißt du, wieviel Sternlein stehen
an dem blauen Himmelszelt?
Weißt du, wieviel Wolken gehen
weithin über alle Welt?
Gott, der Herr, hat sie gezählet,
daß ihm auch nicht eines fehlet
an der ganzen großen Zahl,
an der ganzen großen Zahl.

AUCH NICHT EI-NES FEH-LET

AN DER GAN-ZEN GROS-SEN ZAHL, AN DER

GAN-ZEN GROS-SEN ZAHL.

Weißt du wieviel Mücklein spielen
in der heißen Sonnenglut?
Wieviel Fischlein auch sich kühlen
in der hellen Wasserflut?
Gott, der Herr,
rief sie mit Namen,
daß sie all ins Leben kamen,
daß sie nun so fröhlich sind,
daß sie nun so fröhlich sind.

Weißt du wieviel Kinder frühe
stehn aus ihrem Bettlein auf,
daß sie ohne Sorg und Mühe
fröhlich sind im Tageslauf?
Gott im Himmel hat an allen
seine Freud' und Wohlgefallen.
Kennt auch dich und hat dich lieb,
Kennt auch dich und hat dich lieb!